UNIVERSALE
ECONOMICA
FELTRINELLI

Erri De Luca è nato a Napoli nel 1950. Ha pubblicato con Feltrinelli: *Non ora, non qui* (1989), *Una nuvola come tappeto* (1991), *Aceto, arcobaleno* (1992), *In alto a sinistra* (1994), *Alzaia* (1997, 2004), *Tu, mio* (1998), *Tre cavalli* (1999), *Montedidio* (2001), *Il contrario di uno* (2003), *Mestieri all'aria aperta. Pastori e pescatori nell'Antico e nel Nuovo Testamento* (con Gennaro Matino, 2004), *Solo andata. Righe che vanno troppo spesso a capo* (2005), *In nome della madre* (2006), *Almeno 5* (con Gennaro Matino, 2008), *Il giorno prima della felicità* (2009), *Il peso della farfalla* (2009), *I pesci non chiudono gli occhi* (2011), *Il torto del soldato* (2012), *La doppia vita dei numeri* (2012), *Ti sembra il Caso?* (con Paolo Sassone-Corsi, 2013), *Storia di Irene* (2013) e, nella collana digitale Zoom, *Aiuto* (2011), *Il turno di notte lo fanno le stelle* (2012) e *Il pannello* (2012). Per "I Classici" Feltrinelli ha curato *Esodo/Nomi* (1994), *Giona/Ionà* (1995), *Kohèlet/Ecclesiaste* (1996), *Libro di Rut* (1999), *Vita di Sansone* (2002), *Vita di Noè/Nòah* (2004) e *L'ospite di pietra* di Puškin (2005).

ERRI DE LUCA

E disse

Published by arrangement with
Susanna Zevi Agenzia Letteraria
Prima edizione italiana ne "I Narratori" febbraio 2011
Prima edizione nell'"Universale Economica" settembre 2013

Stampa Nuovo Istituto Italiano d'Arti Grafiche - BG

ISBN 978-88-07-88196-1

E disse

Lo raccolsero sfinito sul bordo dell'accampamento. Da molti giorni disperavano di vederlo tornare. Si preparavano a smontare le tende, inutile cercarlo dove lui solo osava andare. Contava di farcela in un paio di giorni. Era allenato, rapido, il migliore a salire. Il piede umano è una macchina che vuole spingere in su. In lui la vocazione si era specializzata, dalla pianta del piede era risalita al resto del corpo. Era diventato uno scalatore, unico nel suo tempo. Qualche volta si era perfino arrampicato scalzo.

Scalava leggero, il corpo rispondeva teso e schietto all'invito degli appigli, il fiato se ne stava compresso nei polmoni e staccava sillabe di soffio seguendo il ritmo di una musica in testa. Il vento gli arruffava i capelli e sgomberava i pensieri. Con l'ultimo passo di salita toccava l'estremità dove la terra smette e inizia il cielo. Una cima raggiunta è il bordo di confine tra il finito e l'immenso. Lì arrivava alla massima distanza dal punto di partenza. Non è traguardo una cima, è sbarramento. Lì sperimentava la vertigine, che in lui non era il risucchio del vuoto verso il basso, ma affacciarsi sul vuoto dell'insù. Lì sulla cima percepiva la divinità che si accostava. Lassù si avvolgeva di vento. Una sommità senza urto di masse d'aria addosso è spaventosa. Perché l'immenso sta trattenendo il fiato.

Era felice al vento, lo accoglieva in ascolto. Era di quelli che afferrano una frase dove gli altri intendono solo un chiasso. Dalla gola tesa di un leone, dentro una raffica, in una valanga, in un tuono lui riconosceva una voce dire. E mentre l'ascoltava anche la leggeva, scritta e stesa. Chi vede un fiume guarda il verso in cui scorre, dove scende secondo la corrente. Ma il futuro di un fiume è alla sorgente. Lui guardava all'origine del vento. Il suo naso dritto divideva come una prua il soffio e le nuvole.

S'intendeva di vento: se si stava stropicciando contro il suolo per caricare la miccia del fulmine, se veniva da sud secco e assetato a pizzicare il naso e dare frenesia ai profeti. Sapeva il vento di est che porta la cenere e la polvere degli antenati. Allora al tornio del vasaio insieme all'argilla si mescola l'ultima consistenza delle vite accadute. Sapeva il vento dell'ovest che raccoglie acqua salata in mare e la trasforma in dolce prima di rovesciarla nelle cisterne e i pozzi.

Tra le cime frantumate dai fulmini era lieto di offrire le sue gocce sudate al vento, che le aggiungeva al resto delle materie prime.

Uno che va per monti è un vagabondo. Lui l'aveva imparato per mestiere, da servo pastore lontano dai recinti, nel campo aperto delle notti accese al fuoco degli sterpi, a vegliare il sonno delle bestie. Dormiva un po' di giorno all'ombra di una roccia. Aveva dentro gli occhi il callo dell'insonnia.

Vedeva più lontano, fiutava e percepiva segni remoti, più di chiunque. Si accorgeva dove l'acqua scorreva segreta sotto terra. In lui si concentrava l'energia dell'ultimo, un riassunto di esistenze perdute. Andava solo, qualunque altro accanto gli avrebbe sparigliato la solitudine. Andava per desiderio di staccarsi dal campo, dalle voci, saliva per allontanamento. A chi gli chiedeva cosa aveva visto, sentito, se il cielo era per caso più vicino, rispondeva di no, ch'era più vuoto, senz'ali, senza polvere, né fumo. E com'era la terra da lassù? Era un palmo di mano spalancata. Dava poca soddisfazione a chi chiedeva.

In salita, incontrava alberi, fermava il passo accanto all'ultimo, che aveva attecchito in disparte dagli altri, più esposto ai fulmini. Chi si accosta a un albero sa di essere abbracciato dalla sua ombra. Ricambiava una carezza al tronco.

Era partito per la salita un giorno da starsene chiusi in tenda. Il cielo era sbarrato da un ammasso di nuvole, in piena mattina faceva luce di alba. Dalla montagna inzuppata rotolavano pietre. Andò lo stesso, per esperienza solamente sua sapeva che quando la nuvolaglia è bassa, sopra ci sta il sereno. Lo persero di vista dopo neanche cento metri dal campo.

Quando si sale dentro una condensa di vapore si sta nel perfetto impasto di acqua e aria. C'è silenzio di grotta, vanno soffici i passi anche sulla breccia, il respiro è per metà un sorso, la pelle scambia il sudore con l'acqua sospesa nel vapore. Scalare dentro una nuvola fa sentire il cielo come seconda pelle. Non si sta all'aperto ma in una tenda immensa. Nella nuvola stava in un vestibolo che dava accesso al sole. In alto, la luce s'infiltra insieme al vento, fino all'uscita sotto il cielo sgombro. C'è una felicità nel guadagnarsi il sole passo a passo, aprirsi un varco per raggiungerlo. Il sole asciuga in fretta il corpo e i panni.

Sotto di lui la terra era covata da una calotta bianca. Succedeva così nei giorni di creazione. Sbucato da una nuvola vedeva il mondo com'era stato prima, senza specie umana, tra il giorno primo e il quinto. Dalla cima tornava con la lettera in bocca dell'inizio, la bi di bereshìt, in principio, che balbettava allegro.

Lo raccolsero da terra, a sollevarlo pendeva a corpo vuoto. Suo fratello se lo prese in braccio, lo depose al riparo, lo lavò, gli forzò le labbra con un sorso. Erano chiuse, un solco arato e secco. L'acqua filtrò seguita da un singhiozzo. Nel suo respiro l'aria faceva per attrito il raschio di una pialla. Il fratello gli bagnò le palpebre serrate. L'acqua sciolse la polvere che il vento aveva messo per coperchio. Mosse gli occhi forzando la fessura, la penombra della tenda aiutò la schiusa, le pupille erano due pulcini ancora dentro l'uovo. Erano occhi che non ricordavano niente. Le orbite frugavano intorno, mettevano a fuoco la faccia del fratello, poi tornavano vuoti. "Chi sono?" disse con un rumore di gola che mischiava il ringhio al miagolio. Il fratello fece uno scatto indietro con la testa, per reazione. Poi rispose il nome, il posto, l'ora del tempo e cosa ci facevano lì. Ascoltò con sforzo, in quel punto la voce umana era per lui il rumore di un guasto. Ripeté: "Chi sono?".

Dice la leggenda che un angelo cancella al neonato il ricordo di quello che ha saputo in grembo. C'è da svuotare il sacco prima di nascere. I bambini dentro la placenta sanno tutto il passato, le lingue, le avventure, pericoli e mestieri. Il loro scheletro è diventato pesce, rettile, uccello prima di fermarsi all'ultima stazione. Lo sforzo di espulsione dal corpo della madre serve a dimenticare. La rottura delle acque apre il varco che subito dietro si richiude, dopo il tuffo nel vuoto. Così è il mondo per chi viene da un grembo. Il salto nell'asciutto produce azzeramento di tutta la sapienza accumulata nel sacco di placenta. Si attecchisce meglio dimenticando da dove si proviene.

A lui spiaceva dolorosamente non ricordare com'era stato al centro del corpo di una madre, tra le ossa del bacino, le vertebre, sotto il dondolo del respiro e i passi sulle scale del battito del cuore. Che perdita passare da sputo a carne umana, risalire le epoche del corpo e giunto al culmine, sull'orlo della soglia, dimenticare tutto.

Le cime scalate contenevano la centesima parte di quel bordo, dove finiva il mondo e cominciava il tempo. Dalle cime scendeva borbottando la lettera iniziale, la bi di bemidbàr, dentro il deserto.

In principio c'era stato un deserto, una strage di bambini nell'infanzia, per un morbo o una guerra o qualcos'altro. Lui era scampato, si concentra così, in un resto salvato, l'energia dei mancati. In lui si scatenava insieme a una tristezza che spingeva lontano. Il deserto, le cime, lì trovava campo e sfogo l'allegria negata ai suoi coetanei. Aveva ricevuto una procura a vivere per loro. Scalare, stare nei bivacchi notturni a spulciare le stelle, aggrappato a una parete al vento, salire a quattro zampe verso l'alto: tutto faceva parte del gioco a nascondino della folla dei bambini in lui.

Tu sei l'unico a farlo, gli mandavano a dire.

L'ultimo, pensava lui, di una coda che si è persa. Sono l'ultima vertebra, mossa dalle vostre invisibili.

Non ricordava, si toccava il corpo, le ossa che sporgevano dalla pelle vuota. A spingere col polpastrello rimaneva l'incavo. Con le dita percorreva il suo scheletro per risalire la traccia che l'aveva portato allo sfinimento. Il corpo ricorda più della testa e del suo ripostiglio di memoria. Quanto era rimasto sulla montagna tra tempeste e nebbie: cinque settimane, mancavano due giorni a farne sei, gli disse il fratello.

La barba arrugginita, sbruciacchiata dal guizzo ravvicinato di qualche saetta, gli occhi che cercavano all'indietro un punto di sollevamento del ricordo: era spaventoso da vedere e suo fratello si faceva forza a stargli accanto, a dirsi che era lui. Intanto gli infilava in bocca a cucchiaini una farina sciolta, uno alla volta acini di uva passa. Li masticava a lungo, la mandibola si muoveva più da destra a sinistra che su e giù, al modo degli erbivori.

Un po' inghiottiva e un poco risputava. Migliorava, all'inizio respingeva il cibo a rigurgiti.

"Chi sono?" Da qualche parte aveva già pronunciato la domanda. Non a suo fratello e non da smemorato: a qualcuno doveva averlo chiesto, a chi e perché? Chiedere a un altro la principale notizia su se stesso, titolo di una definizione e di un destino oppure solo il nome dell'identità. Ripeté "Chi sono?" per risentire nell'orecchio la domanda. Suo fratello capì, non gli rispose.

Confondeva nel corpo la salita e la discesa, la magrezza era cima toccata o il fondo?

Il resto dell'accampamento aspettava la partenza, che lui fosse in grado di mettersi in piedi. A lui importava invece ricordare. Disse a suo fratello di partire lasciandogli qualche provvista. Non poteva staccarsi dal monte senza ricordare. Cercava un'iniziale intorno a sé, pure mentre masticava. "È pane," diceva il fratello, "è lèhem." E lui sfogliava a mente il dizionario delle parole con la elle iniziale, la prima era "lo", làmed àlef: "no".

L'acqua era "màim", la beveva, tra le due emme che aprivano e chiudevano la bocca, la tratteneva tra le due labiali prima di inghiottirla frugando nell'elenco di parole che iniziavano per mem, emme. Arrivato a "man", manna, si fermò. La ricerca lo stordiva.

Chi è stremato non ricorda, ha invece colpi di visione. In una vide un potente getto d'acqua fredda uscire dalle viscere di un monte. Vide senza saperlo il Monte Nebo, sulla cui cima si sarebbe sdraiato per morire quarant'anni dopo. E quell'acqua alle falde si sarebbe chiamata per sempre col suo nome. Vide il bordo dei pozzi che aveva scavato nei deserti. Ritrovò nel corpo un principio di gioia per la nascita di una sorgente nuova, l'entusiasmo di aggiungere una ricchezza al mondo.

Premio per l'acqua nuova era stato il sorriso di una donna. C'è un rapporto tra le felicità, tra uno zampillo che si allarga a terra e una bocca di donna che scopre i denti e sparge il bianco intorno. C'era stato un incontro alla fontana in mezzo al calpestio di pecore e di capre intorno all'abbeverata. Le loro prime parole erano passate sotto le gutturali dei belati.

Lui l'aveva chiamata Rondine, per il bianco d'ali degli occhi e il nero delle sue pupille. Lei aveva sorriso una seconda volta, per conferma e per accettazione.

Benedetto era chi inaugurava una sorgente. L'acqua correva segreta sotto pelle al suolo e lui la sentiva accostando l'orecchio sulla roccia. Nelle notti all'aperto si sdraiava nel verso della corrente sotterranea. In alto la stellata era soffitto che perdeva frantumi di pianeti, comete, l'universo finiva sbriciolato sul bestiame, su lui, nei loro nasi. Ebbe in visione i fiumi che aveva attraversato, i canali rischiosi, le vasche e gli acquitrini da aggirare, che confondevano l'orientamento. Rivide il mare sbucato da una duna, il suo calmo sfasciarsi sulla riva. L'acqua gli irrigava la memoria bruciata.

Suo fratello gli parlava del gran guado che avevano da poco attraversato, la fortuna di un passaggio a piede asciutto. Non gli muoveva niente quel racconto. Sdraiato guardava all'insù il soffitto della tenda.

Il fratello parlava a bassa voce a quelle orecchie scottate dalla vicinanza di un fuoco assordante.

"Hai la stessa espressione di quando prendesti le febbri della paralisi, a dieci anni. Non potevi più correre, neanche camminare. Non muovevi le gambe. Per un anno rimanesti seduto. Avevi la stessa espressione di ora, cercavi di ricordare. Un giorno d'estate ti buttasti a terra e cominciasti a muoverti a quattro zampe. Era iniziato il ricordo, riprendesti lentamente a rimetterti in piedi, a muovere passi con le grucce, poi senza. Da allora non ti sei fermato più.

Ti piaceva andare, nessun castigo ti tratteneva. E io dovevo correre a cercarti. Ti trovavo sugli alberi e in cima ai cocuzzoli. Parlavi poco da bambino e non strillavi. Non ricordo di averti visto piangere. Ridere sì, se succedeva qualcosa di buffo. Ridesti con la pancia in mano, con le convulsioni, quando nostra madre mi rovesciò per sbaglio il secchio dell'acqua sporca sulla testa."

Ascoltava le parole, una brezza fresca. Venivano dal suo passato, si presentavano a lui dentro la voce del fratello per dire: siamo tue. Continuava a dire.

"Non sono stato un fratello maggiore, ero il tuo custode. Ti venivo a cercare e così ho cominciato a seguirti in montagna. Volevo controllarti, è tutta la vita che temo per te la morte immatura.

Sbalordivo di come ti orientavi, anche nella nebbia. Una volta ti facesti bendare gli occhi da me e ripercorresti all'indietro il cammino fatto in un'ora.

Sbalordivo dell'istinto che ti faceva prevedere una scarica di sassi dall'alto. Salivamo una bella montagna, all'improvviso ti voltasti e mi spingesti di lato. Dove stavamo passando rotolò poco dopo un torrente di pietre. Ci avrebbe trascinato giù. Raggiunta la cima guardammo in basso dove s'era scaricata la frana. Dicesti: 'Quando si cade in montagna si passa il resto della propria vita a precipitare'. Lo dicesti serio, non per una battuta di spirito."

“Allenavi il tuo equilibrio. Da accovacciato ti alzavi su un solo piede, poggiato su un mattone messo di taglio. Eri fatto per salire. Smisi di seguirti, dove passavi tu nessuno poteva. Eppure della tua abilità dicevi: ‘Mia pochezza’. Dicevi che in montagna si è degli intrusi e si passa grazie a un’indulgenza della natura. Basta poco a essere respinti, a dover rinunciare. Misuravi così la taglia di noi esseri umani e la riconoscevi insignificante. Per saperlo avevi bisogno di quella solitudine spaziosa.”

“Non guardare in su, non è da lì che vieni,” disse il fratello spazientito e così continuò: “Non sei caduto dal cielo e la terra non è un posto per angeli in esilio. Non è il fondo di precipizio del cielo. Terra è la nostra sostanza, siamo fatti di questa e di acqua che ti verso a gocce e di aria che ti fa muovere il petto. Sei della specie umana, guardati intorno e riconosci finalmente. La terra è la nostra altezza calpestabile. Dal bordo del mare alla cima più alta è tutto quello che ci spetta. Tu sei andato molte volte lassù a cercarti il confine dove la terra smette e io sono venuto con te. Abbiamo la stessa esperienza, la cima è un vicolo cieco dal quale si deve semplicemente ritornare indietro. Lassù la terra non ha altro da aggiungere. Si deve sempre scendere, dare le dimissioni dall’altezza raggiunta. Guarda in giù adesso, metti a fuoco gli occhi sulla distanza corta, rientra nella taglia e nell'altezza della terra. È grandiosa, sì, la spinta a scalare montagne, cavalcare altezze, ma l'impresa maggiore sta nell'essere all'altezza della terra, del compito assegnato di abitarla".

Le parole del fratello costringevano a guardarlo in faccia. Si distolse da visioni di orizzonte e si concentrò sui centimetri della testa di fronte. Il naso, le rughe degli occhi, gli zigomi alti: percorse i lineamenti del fratello con la curiosità di chi scorre un paesaggio. La faccia umana è la superficie di un pianeta. Mentre la percorreva si addormentò. Al risveglio la ritrovò allo stesso posto.

"Chi sono io", non finiva così la domanda. Proseguiva: "Chi sono io per", sì, proseguiva così. Non l'aveva rivolta a una persona ma alla divinità. In un punto di pericolo o di stupore aveva chiesto alla divinità chi sono io per fare quello che mi chiedi. Cosa vuoi da me? Succede in qualche ora concitata di lanciare sillabe verso una lontananza inaccessibile. Lo fanno pure gli alberi avvolti dall'incendio, sputando i loro semi al vento e al fumo.

Voleva ricordare. Si è uomini per questo, senza memoria un uomo è un precipizio. Deve servire a questo il genere maschile, a trasmettere quanto ricevuto, a lasciare detto.

Una donna riproduce il mondo con il grembo, a un uomo resta e spetta ricordare. È questo il suo contributo alle generazioni. Si accaniva nella penombra della tenda, spremeva le iniziali combinandole con le variazioni della seconda lettera, ma niente, non era la via. Di quello che aveva saputo sulla montagna niente era restato, quanto quello scordato uscendo dal corpo di sua madre. Un tempo, innumerevole per lui, era trascorso dentro di lei. Fuori di lì era cresciuto presso di lei. Nel caso di una madre da cui si proviene, presso è un esilio svolto nei paraggi.

Sulla cima dov'era rimasto così a lungo, lui era stato presso, approssimato a un luogo. Lì gli era successo un secondo atto di nascita. Se non tornava il ricordo, sarebbe tornato lassù. Il fratello replicò che nelle sue condizioni sarebbe stato un atto opposto, di morte. "Può essere che io li confonda, come confuse sono nel mio corpo salita e discesa."

Venne anche Rondine alla tenda. Guardava in basso, non ce la faceva a mettere gli occhi sulla sua faccia. Lui non la riconobbe. Non volle offenderla chiedendole chi fosse. Lei non disse il suo nome e tacque il soprannome. L'uomo che aveva riconosciuto come il suo davanti alla sorgente sgorgata dalla roccia, non la riconosceva. Non poteva più appartenere a lei. Apparteneva a quello che gli era successo. Sulla cima di quel monte sotto il quale restavano accampati, era avvenuta una separazione tra lui e tutti loro, lei compresa. Per saperlo non aveva bisogno di sentirlo. C'era nella tenda un odore impossibile, Rondine si inumidì le labbra per assaggio. Lui odorava di neonato in fasce. Le montò il latte al seno.

Lo struscio della veste che sfiorava la soglia della tenda concluse la visita. Il rumore gli ricordò un distacco. Dalla cima del monte lui si era portato dietro quel rumore, dando le spalle: a cosa? Nel suo cranio bollente si scioglieva un ghiacciaio, si allargavano i bordi dei crepacci da potersi affacciare. Lassù lui era stato presso una distanza abissale, precipitata accanto. Era stato trattenuto dalla forza di uno sfioramento. Toccato: aveva toccato con l'estremità di una falange o era stato raggiunto dalla punta di un dito? Un'unghia, un polpastrello: si guardò le mani, un groviglio di nervi, ossa, la vena gonfia sul dorso, quella a delta del polso. Battevano indifferenti, il corpo era lontano dai pensieri.

"Sei stato testimone di qualcosa, è questo che ti assilla?"

"Il testimone è falso se da solo, ne servono due almeno. Nessuno mi può interrogare, sono io a dovere ricordare. Prima di ogni domanda devo trovare la risposta."

I ricordi appartengono al regno degli uccelli, quando vanno lasciano una piuma. Da quella si sa di che specie sono. Il fratello soffiava le domande per farla sollevare.

"In cosa è differente questa montagna da tutte le altre?"

"Ha viscere di ferro, giacimenti che attirano i fulmini. I loro colpi scagliano intorno un'aria che diventa voce. In cima, dove esplodono, le pietre sono frantumi rosa."

"Come hai potuto stare senza cibo né acqua?"

"La nuvola era intrisa."

"Ma la tua pelle riverbera di arsura."

Se c'era stata neve o no, neanche questo sapeva. Il fratello si affacciò fuori della tenda. Cresceva il rumore del campo che si smonta. "Finché non ricorda qualcosa, resta qui," disse agli altri.

"Vanno senza di te. Li seguo, qui non posso aiutarti. Però non è bene per un uomo essere per se stesso."

Perché no? Se lui non era per se stesso, chi

poteva esserlo al suo posto? Disse al fratello con poca voce, più di gola che di labbra: "Sei mio fratello, il maggiore, conosci più vita, perché non è un bene per me restare con me stesso?".

Allora ritentò, raccontò le imprese fatte insieme, ma per lui che ascoltava erano storie d'altri. Non si oppose al racconto, ne aspettò la fine, che non venne. Perciò chiese di nuovo perché non era bene per un uomo essere per se stesso. Quello che disse il fratello lo scosse al punto di sollevarsi e mettersi a sedere.

Disse così il fratello: "Non è bene per un uomo essere per se stesso perché fa un atto di comparazione con la divinità, che sta da sola. Ha detto: 'Non è bene essere l'Adàm per se stesso'. Perciò lo ha reso numeroso. Nelle solitudini si creano e si disfano mondi. Noi ripetiamo nelle nostre preghiere: 'Ascolta Israele, Adonài è il nostro Elohìm, Adonài è Uno'. È la nostra novità, noi siamo i raggiunti dalla rivelazione che esiste una divinità soltanto. Tutti gli altri sono idoli scaduti. Noi ripetiamo che il nostro Adonài è Uno, ma pure che è solo. Noi medichiamo la tristezza della sua solitudine, siamo i suoi ministri, servi, vagabondi e giullari. La divinità ride su di noi per una tenerezza, che chiamiamo 'ḣèsed', e noi ci dichiariamo 'ḣasidìm'. Si è rivelata a noi per il desiderio di una compagnia. È sola senza fine e vuole che glielo ricordiamo. È una, ma la sua unità non serve per contare, è un numero inservibile, niente da aggiungere o da togliere. Dire che è una, non è atto di fede ma di condivisione della sua solitudine. Va detto con affetto e con sostegno.

"Allora un uomo che esiste per se stesso si compara alla divinità".

Si sollevò dalla posizione sdraiata, si mise a sedere sulla pelle di montone. A forza di salire in montagna era arrivato a quel grado di comparazione? La distanza dal campo, dalle voci comportava l'arroganza di una solitudine come? Voleva il vuoto intorno e sotto i piedi per abitare il deserto della divinità? No, non era così. L'abisso era solo una botola aperta sotto i piedi e sopra la sua testa l'aria era oceano irrespirabile.

Rispose al fratello: "Lassù non paragono terra e cielo, ci sto invece in mezzo, sul confine. Esistono i solitari, separati in mezzo alla comunità. Battono piste nuove per le mandrie, fissano mappe in cielo, vanno dove neanche corrono i confini. Abbiamo imparato a conoscere il mondo grazie agli esploratori che vanno sul mare che non lascia traccia".

"Certo esistono i solitari ma per loro mestiere, come il tuo di pastore che frughi vastità in cerca di acqua e ombra e ritorni con bestie più sane e numerose. Esistono solitudini giuste, di lavoro, non vocazioni all'isolamento. A un uomo occorre una comunità. Senza questo accampamento non avresti trovato scopo né sostegno."

Chiese al fratello di accompagnarlo fuori della tenda. Il tempo era tornato calmo, gli uomini ammucchiavano bagagli. La montagna di fronte offriva una prima muraglia solcata in mezzo da una spaccatura verticale. Erano due facciate.

È inizio di giornata, in alto la prima luce arrossa una striscia, un rigo vuoto. Dal campo escono con le gerle alla raccolta. Vanno a riempirle di manna prima che il sole salga e col suo peso schiacci il rifornimento. Guarda fare le mosse, non le riconosce. Le ha inaugurate lui, ha spiegato lui regole e misure, prima di salire al monte. A ognuno spetta secondo il fabbisogno. È pane dei cieli e va diviso in parti necessarie e giuste. Raccolta al sorgere del sole, va consumata prima della notte. A farne avanzare per l'indomani, c'è da buttarla via, perché va alla malora. Così nessuno può imbastirci scambio. Non è soggetta a diventare merce, perché è vita.

La divinità provvedeva al nutrimento in sovrabbondanza. Dopo la raccolta del mattino ne avanzava a terra. Saliva il sole e squagliava l'eccedenza. "Non ricordi di avercelo spiegato?

Quando ti chiedevamo perché se ne sprecava, perché il nostro Elohìm distribuiva più del necessario? Per scherzare dicevo che non sa contare."

Non ricordava. "Buffo che ora sia io a spiegarlo a te, dopo che ci lasciasti a bocca aperta. Dicesti che ne faceva piovere più del fabbisogno perché nessuno si doveva trovare a raccogliere l'ultima porzione, la scartata, calpestata dagli altri. Nessuno era così costretto a correre, affrettarsi a prendere la sua parte in affanno di concorrenza. Dicesti che Elohìm aveva a cuore la concordia dei raccoglitori. Altrimenti sarebbero avvenute spinte, prepotenze, umiliazioni. Che andasse pure sciolta al sole una sovrabbondanza: serviva a garantire la pace e la giustizia tra di loro."

Ascoltava continuando a guardare la muraglia. Per l'ultima volta il fratello gli chiese di partire con loro. Da lontano avrebbe potuto scorgere la montagna tutta intera, anche la cima. "Da lontano potrai ricevere il ricordo, qui sei troppo a ridosso. Serve alla memoria una distanza."

"Come si scrive Uno, Ehàd?"

"Hai dimenticato pure l'alfabeto?"

"No, mi serve che lo pronunci tu."

"Ehàd si scrive: àlef..."

Saltò in piedi staccandosi dal braccio del fratello, saltò in su con la vertigine opposta di cadere. Si trovò dritto in faccia alla montagna da precipitato. Così fa la memoria quando squarcia. Si mosse svelto verso la parete, raggiunse un risalto, un avancorpo che sporgeva frontale alla muraglia. Salì dritto ai centimetri prescritti dalla voce che lo convocava: "Ecco un luogo presso di me e ti terrai dritto sopra la roccia" (Esodo/Shemòt 33, 21). Da lì sopra, spalle all'assemblea disse, scandì, gridò.

"Anòkhi", io: l'àlef di Ehàd, Uno, era quella di Anòkhi, la prima parola ascoltata sulla cima, immerso nella nuvola. "Anòkhi": la voce che gli uscì era di metallo battuto a caldo sull'incudine. Spinse l'accampamento a voltarsi verso: "Anòkhi", io. Spalle a tutti loro guardava fisso un punto della muraglia dirimpetto. Non stava leggendo: la parola detta usciva scritta sulla roccia. Si scolpì da destra a sinistra secondo un rigo invisibile.

La folla dell'accampamento lasciò cadere ogni cosa per avvicinarsi. Tutto cadde di mano tranne i bambini dal braccio delle madri. Accorsero in un subbuglio di passi. Il silenzio seguente fu quello del latte che si caglia. Nella pace di un pozzo, nella circoncisione di Abramo su se stesso, in un palmo di mano passato sugli occhi, esiste un silenzio di condensa. Respiravano solo dal naso per non fare rumore in se stessi.

Senza nessun comando uno dei primi accorsi tolse i sandali, mossa di chi entra nella tenda. Tutti la ripeterono. Si erano avvicinati ma non da toccare la montagna che s'impennava a muro. Un filo di ragnatela era il confine splendente da non oltrepassare. Tra la roccia e loro uno solo era ammesso a stare presso la manifestazione incandescente. La prima parola fumava ancora quando seguì la seconda, il tetragramma, il nome impronunciabile della divinità. Lui disse: "Adonài", nome sostitutivo, ma sulla roccia esplosero i frantumi delle quattro lettere. La prima è iod, apostrofo che sta in alto sul rigo, una mandorla sul ramo. Seguirono le altre lettere contemporaneamente.

Tutti fissavano la roccia, stralunati da non poter distinguere la voce dalle parole scritte. Vista e udito erano un solo senso ricevente. Qualcuno dirà poi di avere visto un dito che incideva i caratteri. Accettarono la testimonianza, tramandarono: "In dito di Elohìm". La muraglia sopra di loro era aperta a pergamena, vi leggevano sopra la dattilografia scolpita.

La pagina era affidata a loro, popolo spaesato in un deserto, ai primi passi, ammutolito di meraviglia nei primi bivacchi. Da poco avevano iniziato a camminare, intimiditi e impettiti, serrati in ranghi, suddivisi per dodici schiere. Un popolo di servi appena riscattati senza compravendita diventava testimone dell'"Anòkhi". Viaggiava con loro, non chiedeva edifici in cui abitare ma un altare di terra e, se di pietre, che fossero grezze, niente taglio né sbozzo. Era zingara nella carovana, la divinità.

Imparavano a andare, al passo che tiene insieme il giovane e l'anziano, i piccoli e le donne incinte. Si muovevano insieme con effetto di coro sulla terra. Cantavano per riempire lo spazio minaccioso della libertà, che non è un elenco di comodità e diritti, ma azzardo di inoltrarsi in territorio vuoto. La libertà chiede una disciplina adatta allo sbaraglio. Era un deserto spalancato intorno e nessun tetto. L'orizzonte aveva bordi roventi che non si lasciavano accostare. Ovunque andassero rimanevano in mezzo a una padella.

La loro guida sapeva dirigersi nello spazio aperto, decideva quando togliere il campo. Aveva sensi infallibili e una bussola in cranio anche nelle tempeste di sabbia. A chi chiedeva come riusciva, rispondeva che vedeva la pista scendere dal cielo, di giorno e anche di notte. Quale pista? Una colonna di nuvole, poi una di fuoco. Perché non la vedevano anche tutti loro? A questo non aveva risposta.

Gli credevano fino a disperarsi quando salì e scomparve tra le nuvole, oltre la muraglia spaccata. Li aveva abbandonati, era morto e loro erano perduti.

Circolò a bassa voce, poi più forte il verbo tornare. Senza di lui finivano tutti i passi innanzi. Li aveva accompagnati oltre i confini degli uomini e delle divinità. Senza di lui la libertà si trasformava in un immenso campo di concentramento. Il deserto si chiudeva intorno a loro senza bisogno di recinto. Senza di lui erano prigionieri della terra. Cresciuto lo sgomento di essere abbandonati, cresciuto fino all'ira, si accusavano tutti di follia. Quando lo raccolsero a bordo del campo, lui era per loro un morto e quello non era un ritorno. Il fratello disse: "Lasciate che sia lui a sciogliervi o legarvi". Credergli ancora, se non a lui a chi rinnovava la provvista di manna.

Al culmine dello sbandamento ecco che l'avevano raccolto nei paraggi dell'accampamento, un nocciolo spolpato, più che un uomo. E ora assistevano alla più diretta manifestazione della divinità, attraverso la voce scatenata del loro vagabondo. In piedi, faccia alla muraglia scandiva parole ingigantite dalla perfetta acustica della parete est.

"Io sono Adonài (Iod) tuo Elohìm": nemmeno il suo profeta ardente poteva nominare il tetragramma, doveva aggirarlo chiamandolo Adonài. La voce era impura, la scrittura no: le quattro lettere, iod, he, vav, he, stavano incise a caldo innanzi a loro. La scrittura non le profanava.

Gli scrivani addetti alla stesura delle parole sacre su pergamena avrebbero compiuto in seguito minuziosi riti per l'esecuzione di ricopiature. La pelle conciata della bestia ospitava le parole sacre solo su lato carne. Nessuna punta metallica era ammessa, solo canna o penna di uccello. Non si spezzava nessuna parola andando a capo. La scrittura si decantava così diventando materia ammessa a contenere il nome da non dire.

"Io sono Iod (Adonài) che ti ha fatto uscire": in seguito al tuo grido di oppressione. La voce umana è fatta per salire come fuoco e fumo dritta al cielo, spinge dal basso di una umiliazione, di un pericolo, bussando in su a un ascolto. La musica perciò si dota di scala, di gradini.

Dieci volte l'Egitto era stato costretto a liberare, dieci volte si era rimangiato la parola. "Ti ho fatto uscire": dalla rete dei canali del gran fiume per metterti all'asciutto della libertà. Il Sinai si chiama anche Hòrev, che è prosciugamento. Così è pure nascere, trovarsi scaraventati all'aperto.

Uscito d'Egitto, hai sentito il rumore di grandi acque serrarsi dietro il tuo passaggio, una porta sbattuta alle spalle. L'uscita fu una nascita, avventura di sola andata. Quando i tuoi discendenti chiederanno perché ti ho fatto uscire, conteranno il valore numerico di "hotzetìkha", ti ho fatto uscire, e lo troveranno uguale a "levassèr", per annunciare. Ti ho fatto uscire per portare annuncio.

Da questo confine raggiunto tutto sarà primizia, novità. I passi non consumeranno i sandali, l'acqua schizzerà vergine da rocce, il cibo avrà sapore mai assaggiato prima. Il gusto della manna resterà segreto e sconosciuto ai discendenti. Non di solo pane avrà sostanza, ma di tutto quello che esce di mia bocca per voi. Perché manna (man) e mia bocca (pi) sono la stessa cosa.

Un sospiro violento entrò nel petto di ognuno di quei "tu" presenti all'ora della voce scritta, che trasformava in profeti tutti loro, ammessi al più potente ascolto. Gli uomini furono commossi da una smania di subito fare, le donne si frenavano per non mettersi a ballare di entusiasmo.

"Non ci sarà per te Elohìm altro al di sopra dei miei volti." Finora hai conosciuto le raffigurazioni degli idoli sottospecie di argilla, legno, ferro, argento e pure in oro. D'ora in poi nessuna immagine si dovrà sovrapporre alle parole che ascolti, alla voce che scrive sulla roccia. Saranno le lettere a fornire l'immagine della divinità, a dimostrarla, che è opposto di mostrarla. Non avrai figurine, illustrazioni, avrai un libro.

"Sarò con te," ho detto al tuo profeta, la prima volta che è salito al Sinai. Ecco le mie parole, l'unico bagaglio da viaggio per le generazioni. Ricorda Abramo che partì serbando in grembo quelle ricevute e distrusse gli idoli del padre. Insieme alla scultura sulla roccia ognuno ascoltava in se stesso l'eco di una spiegazione. In quel punto scordarono gli Elohìm altrui visti in Egitto. Nei loro sensi riuniti circolava la manifestazione fisica della divinità.

Così è rivelazione. "Fuoco e grandine, neve e fumo, vento di tempesta fece la sua parola" (Salmo 148, 8): così avrebbero tramandato in un canto l'esperienza. Videro la sua parola fare: sopra la roccia e all'interno di ognuno. Videro la voce: culmine di esperienza visionaria. Nella morsa della commozione risposero a rovescio: "Faremo e ascolteremo". Perché quella parola faceva e perciò pretendeva in risposta il verbo fare. Faremo: subito. Ascolteremo: perché nell'ascolto resterà sigillata.

Seppero sotto il Sinai che l'ascolto è una cisterna in cui si versa acqua di cielo di parole scandite a gocce di sillabe. L'ascolto è un pozzo che le serba intere, da lì se ne può attingere ogni volta senza che manchi una. E a forza di estrazione la provvista non diminuisce, resta uguale.

L'impeto di risposta: "Faremo e ascolteremo" impegnava le generazioni seguenti. Il noi non riguardava solo i presenti, ma le schiere future. "E li fece stare a testimonianza per il mondo" (Salmo 148, 6), quello a venire, così è scritto nel canto di uno dei posteri, che non volle aggiungere il particolare insignificante del suo nome. Quando la scrittura si sbarazza del suo autore, appartiene a chi legge e fa di ogni lettore successivo il suo diretto erede.

"Faremo e ascolteremo": parlarono per profezia. Erano stato nascente, vedevano lontano. Una donna avrebbe scritto molto tempo dopo: "Solo nell'entusiasmo l'essere umano vede il mondo esattamente. Dio ha creato il mondo in un entusiasmo". La mandorla nascosta nel cervello trasudava gocce di felicità.

Le donne si scambiavano occhiate, si davano di gomito: il tu che si stampava sulla roccia era al maschile. L'ebraico separa i sessi pure dentro i verbi e i terminali dei pronomi. Il tu sopra la roccia era al maschile. Spettava perciò agli uomini trasmettere le clausole e le righe di alleanza con la divinità. Per loro, per le donne, un'incombenza in meno: si scambiavano sguardi per intesa.

Toccava agli uomini. Del resto, nella loro lingua maschio e ricordo hanno radice uguale. Si dessero perciò da fare loro con la scrittura sacra e con la trasmissione. Le donne ebree erano ben cariche di compiti. Gli uomini non erano più servi di Egitto, avevano un sacco di tempo libero. Per le donne invece era cambiato poco l'orario di lavoro per le faccende nuove di una carovana. Si reggevano il velo della testa con la mano. Quando guardi per aria, reggiti il cappello: era un modo per dire che pure nei momenti più solenni, tieni i piedi piantati sulla terra.

Sara, moglie di Abramo, aveva riso all'annuncio di una sua gravidanza, lei vecchia e senza ciclo di fertilità. Le donne sotto il Sinai sorrisero alla divinità che sobbarcava gli uomini. "Almeno servono a qualcosa," disse un'anziana, facendo ridere le giovani spose.

Però quando era spuntato l'impeto di risposta: "Faremo e ascolteremo", s'era levata forte la voce delle donne. Il noi in ebraico non distingue i sessi.

Le donne sapevano di essere le beniamine della divinità. Nascevano perfette, i maschi invece dovevano essere ritoccati con la circoncisione. "E costruì Iod Elohìm il fianco che prese dall'Adàm": non estrasse la donna bell'e fatta, dal corpo addormentato. "E costruì": si mise a rifinire, aggiunse, modellò. La donna è il suo prodotto perfezionato, culmine di esperienza di creazione. Per Adàm nemmeno l'intenzione e l'ombra del verbo costruire.

Le donne sotto il Sinai sapevano la magnifica storia degli inizi. La prima di tutte loro aveva tolto la specie umana dal giardino incantato dell'infanzia. Eva, Ḣavà, fa il giusto movimento, dal basso verso l'alto, di spiccare il frutto della conoscenza. Una legge contraria a quella di gravità le sollevava il braccio verso l'alto. Esiste in natura, oltre all'attrazione terrestre, un'attrazione opposta, da chiamare celeste.

Eva, Ḣavà, non aspetta che il frutto cada in grembo. Da un albero, compreso quello della conoscenza, sarebbe caduto comunque. Lei lo va a spiccare finché alto sul ramo. L'effetto di quella prima conoscenza è una espansione delle percezioni: "E si spalancarono gli occhi di loro due". Lei e Adàm scoprono di essere nudi. Nessun animale sa di esserlo. Da un'ora all'altra loro due non appartengono più al resto delle specie viventi. Sono diventati una variante, la novità che aggiunge.

La divinità racconta loro le conseguenze della trasformazione. Non pronuncia condanne, ma nomina gli effetti. Adàm non si contenterà più del prodotto spontaneo del suolo, ma si accanirà sopra di esso per cavarne maggiore profitto e vantaggio. Si dannerà con il proprio sudore per sfruttare la terra, che sarà per effetto spremuta e maledetta.

Eva, Ḣavà concepirà, partorirà con sforzo, con fatica. Non avrà l'agilità, la facilità naturale delle altre creature femminili. Diventerà madre con maggiore impegno.

Non sono provvedimenti disciplinari, ma annuncio di conseguenze fisiche in seguito all'irruzione della conoscenza, che non è mai un torto. È un torto l'ignoranza. E che non siano punitive le frasi della divinità si trova scritto subito: "E fece Iod Elohìm per Adàm e per la sua donna tuniche di pelle e li coprì": il gesto più affettuoso e premuroso, principio di corredo.

Sarebbe stato incomprensibile alle donne del Sinai sapere che mille anni dopo i traduttori in altre lingue della loro storia, avrebbero inventato una condanna della divinità ai danni del corpo femminile, punito coi dolori della messa al mondo. Non che manchino, ma non esiste la sentenza penale della divinità contro il parto, il punto più perfetto dell'arte di natura. Il creatore del mondo, perciò il suo responsabile unico, che in quell'ora stava battendo su roccia le sue frasi, preferiva da subito e da sempre il femminile. Al quale aveva dato da trasmettere la vita. Quel compito, quel campo, era esclusiva loro. Adàm aveva dato un nome a tutti gli animali, ma non era stato nemmeno consultato per il nome dei suoi figli. Pure quello spettava a Eva, Ḣavà.

Sotto il Sinai le donne stavano materne sopra il suolo, come sul più sicuro nido. Erano alla temperatura di entusiasmo, che va oltre la fede e la fiducia. Gli uomini oscillavano tra commozione e fiato grosso per l'impegno chiesto.

Durante i dieci colpi della divinità contro l'Egitto, nelle dimore ebree risparmiate si stava rannicchiati nell'attesa. A teste basse per rispetto dei colpiti, alle donne veniva di sollevare il petto per orgoglio. L'annuncio di una residenza nuova, predicato dal loro profeta, aveva questa formula d'invito: "Terra che ha mestruo di latte e di miele". Era promessa di abbondanza legata al verbo della fertilità femminile, del loro ciclo.

La divinità aveva fatto bene a scegliere il loro grembo per compararlo alla terra promessa. Già ventuno generazioni ebree stavano sepolte in Egitto. Anche se si sta scomodi da servi, avevano potuto vivere e aumentare in terra di Mitzràim, come la chiamavano loro. Ci voleva una grande spinta e commuovente per convincerli a lasciare tutto e tutti insieme.

Nei secoli a venire saranno deportati, espulsi da popoli e nazioni. Lì in Egitto dipendeva da loro la scelta di partire. Serviva che la volessero, coinvolti da una promessa travolgente.

Arrivati 430 anni prima in poche decine, si erano moltiplicati fino al numero, contando solo i maschi da venti anni in su, di seicentomila. Con le donne, i piccoli raggiungevano il doppio e poi i bagagli, il bestiame: vallo a spostare un popolo, convincerlo a viaggiare. Vallo a spingere fuori da un tetto, avviarlo alle asprezze del deserto, dopo ventuno generazioni di residenza.

Allora la divinità era ricorsa al premio di una terra con mestruo femminile di latte e di miele. Annunciava per quel luogo la stessa vitalità scatenata della donna ebrea, genitrice di popolo. Rigurgitava di fertilità, il suo ciclo mestruale era sorgente di benedizione. La divinità aveva nominato quella per ottenere la mobilitazione del coraggio.

A testa china avevano sorriso per il complimento dell'annuncio, le donne ebree. Avevano gonfiato il petto con un sospiro e per conferma avevano attaccato al seno uno dei loro marmocchi innumerevoli. Gran terra doveva essere questa promessa, pensavano gli uomini, guardando le loro donne con nuova ammirazione. In quegli ultimi giorni di Egitto si accostavano a loro nella sera di festa tra venerdì e sabato dicendo per galanteria scherzosa: "Fammi esplorare un po' questa terra promessa". Un uomo poteva dire una frase d'amore come questa: "Si parte per una terra grembo, fabbrica di vita come te".

Era così potente la loro forza di riproduzione, da spaventare il re di Egitto. Faraone, preoccupato dalle nascite a pioggia dei residenti ebrei, aveva ordinato alle loro levatrici di far capitare incidenti di parto. Ma quelle gli avevano risposto: "Perché non sono come le donne egiziane, le ebree. Perché sono animali quelle, prima che venga da loro la levatrice hanno figliato". Scusa meravigliosa, avevano risposto con un finto insulto che era invece complimento alle ebree e sabotaggio contro il tiranno. I despoti commettono i loro crimini non per volontà di potenza ma per terrore. Scacciano gli incubi ordinando stragi. Così Faraone ricorrerà all'annegamento dei neonati maschi degli ebrei, riducendo il Nilo da sorgente di vita a macchina di morte. Chi guasta l'acqua ne sarà guastato.

Sotto il Sinai le donne guardavano con tenerezza gli uomini agitati dall'annuncio e dal compito che si stavano caricando in spalla. Era arrivata l'ora di chiedere anche a loro di contribuire alla vita delle generazioni, non solamente al pane quotidiano. Esentati da quell'obbligo grazie al rifornimento della manna, veniva il tempo giusto di studiare, imparare e infondere anche loro la vita seconda nella discendenza. Bene faceva la divinità a scrivere al maschile le parole spiccate dal fiato e dalla gola del suo uomo. Ben fatto l'uso dell'imperativo per aprire le orecchie, anche quelle bisognose di circoncisione, per liberarle dalle impurità. Erano ancora piene degli ordini gridati in egiziano dai loro oppressori.

Quando il Mare del Giunco, detto Rosso per colorazione stagionale, si era chiuso dietro il loro passaggio, le donne separate dagli uomini avevano sollevato il loro grido di tumulto e festa per l'addio all'Egitto. Loro avevano messo al mondo quel popolo, a loro spettava chiudere la breccia di parto.

La divinità aveva rotto le acque per aprire il guado, le donne dietro al canto di Miriàm, sorella di Mosè, con ballo e tamburello sovrastavano il traffico delle onde che rientravano al loro posto di guardia. Era il giorno uno della libertà dopo il passaggio avvenuto di notte come il travaglio di una partoriente. Loro, le donne, accoglievano il deserto a braccia aperte.

"Io sono Iod tuo Elohìm, non ci sarà per te Elohìm altro al di sopra dei miei volti." Non dava scampo il tu: era tra due lo scambio e l'alleanza. Ognuno stava solo davanti alla divinità. Era la prima e sola che rinunciava al totem, doveva bastare la sua parola a rappresentarla. Quella parola era caloria che non si consumava. Si diramava ai sensi, era lettera consegnata agli occhi, nelle orecchie, ardente sulla pelle, penetrata nel naso con fumo di officina, e in bocca era l'anticipo di latte e miele della terra nuova. Asáf, venuto dopo, scrisse canti e riportò la notizia: "Dalla roccia, di miele ti ho saziato" (Salmo 81, 17). Lo gustavano sotto il palato, ma entrava dalle orecchie. Il tu di quelle frasi gonfiava il sangue in cuore. La montagna a strapiombo davanti, il deserto alle spalle e l'aria asciutta: esistono ore perfette.

Gli idoli del mondo scadevano tutti in una volta: "Una bocca a loro e non parleranno, occhi a loro e non vedranno, orecchie a loro e non ascolteranno, naso a loro e non annuseranno. Le loro mani non toccheranno, le loro gambe non andranno, non mormoreranno nelle loro gole. Come loro saranno quelli che li fanno". Il Salmo 115, senza nome di autore, riassume il deficit di tutte le figure, ottuse nei sensi che pretendono di possedere. Invece dalle parole della divinità si sprigionava una valanga d'intensità fisica.

Quelle parole avevano fatto l'universo dopo le prime sillabe di annuncio: "Ieì or", sarà luce. In ebraico quattro vocali e una consonante avevano acceso le notti e illuminato il giorno. L'universo brulicò di scintille. Poi quelle parole avevano chiamato il mondo a farsi, durante i sei giorni di creazione.

Era materia uscita dalla voce della divinità, era sostanza di bellezza perché scaturita da parole. Il monte su cui si fissava la dettatura della divinità era un'arsura rimbombante, dall'alto calava la luce degli inizi.

"Ricorda il giorno di shabbàt": certo che mi ricordo, lo aspetto una settimana intera, pensò qualcuno, indolenzito ancora dai turni di fatica dell'Egitto e incredulo di trovarsi liberato dai lavori forzati.

La divinità non si riferiva a quello. Intendeva: ricorda il primo giorno di shabbàt del mondo, quando Elohìm cessò la sua manifattura. Come poterlo ricordare? La cellula di partenza della specie umana era presente. Quei due primi, Adàm e Ḣavà, hanno ascoltato l'improvviso silenzio dell'arresto. Ritorna col ricordo allo stupore e allo sgomento. Era il giorno sesto del creato ma per loro era il giorno uno. Venne sera e silenzio, si spalancò la notte e si sdraiarono sotto. Non sapevano se sarebbe tornato un altro giorno e la sua luce. Tutto era nuovo per loro e tutto era già apparecchiato intorno. Seppero che ogni cosa li aveva preceduti, la vita intera esisteva già prima di loro due. Seppero in quel primo buio di essere degli ospiti.

Era finita l'opera, ma a completarla e darle perfezione ci voleva la settima, che in musica si chiama dominante. Il mondo era stato creato con un arrangiamento musicale, le sue regole rispondono alla combinazione di tempi, toni, diesis e bemolle. La coppia ultima nata intendeva le più vaste frequenze, il basso continuo del creato.

Quella sera il mondo s'interruppe, come un principio di sordità all'orecchio. Succede anche a chi passa alla penombra da una forte luce. Lentamente distinsero il silenzio del primo shabbàt del mondo. Era bonaccia a mare, la fogliuzza che non tremola più, il vapore che sale dritto dalle narici dei bufali, i loro occhi tranquilli: anche per gli animali quello era il primo sabato, ma loro lo aspettavano.

Ricorda la prima notte dei nostri primi due, si mischiava l'amore allo spavento, la risposta insieme alla domanda. Erano nudi, si protessero abbracciandosi i corpi, la testa nella spalla dell'altro nell'incavo accogliente tra la scapola e il collo. Scoprivano l'incastro che permette a due corpi di fare l'unità.

Fu la prima scoperta della conoscenza, senza la distinzione ancora del bene e del male. Quella prima notte profumava di creato spento. L'amore accelerava l'esperienza, faceva succedere tutto in una notte. E che notte, la prima: non erano stati bambini, l'amore fu il primo dei giochi. Passarono dalle risate al solletico, alla concentrazione di frugarsi. Mentre si strofinavano felici si urtarono le labbra. Stupiti si scansarono, poi le riaccostarono. Si chiusero gli occhi da soli, la vista e tutti i sensi accorsero alla bocca. Nacque per accidente allegro il primo bacio. Al termine del gioco erano arrivati al bacio mille.

Ricorda il giorno di sabato, iniziato la sera del sesto, prolungato nell'insonnia amorosa, nel breve sonno sazio, nel risveglio a giorno canterino. Quello è shabbàt, di quello avrai ricordo. Le donne sotto il Sinai guardarono i mariti, gli uomini si voltarono verso di loro, chiamati da quegli occhi. Che giorno è oggi? Facciamo che è già il sesto, che stasera è shabbàt.

Ricorda la felicità del mattino seguente, la luce sulle palpebre, il risveglio. Era il giorno perfetto, il punto fermo messo a firma del capolavoro. Shabbàt, la cessazione, un suono secco di frutto caduto, il palmo di una mano che si chiude nel palmo dell'altra.

Non era invito a fare gite, scampagnate, era il rumore di un interruttore generale. Neanche luce e fuoco erano ammessi. Smetti, è shabbàt, non è tuo, è della terra, che resti per un giorno senza passi, sgombera di te. Non farai e non farai fare a nessuno al posto tuo: né a tuo figlio e a tua figlia, né al tuo servo e alla serva, né al bestiame. Nemmeno allo straniero che sta nelle tue porte, il sabato è uguaglianza.

Tu leggi, studia, canta, prega, gioca, gusta la tavola e la compagnia. Scrivere? No, neppure quello, ma se sei accanito di scrittura puoi farla sulla sabbia e sulla polvere. Solo il soccorso è ammesso per accorrere a un grido.

"Non farai per te alcuna opera": questo ti servirà a ricordare il primo shabbàt del mondo, il corpo t'insegnerà, smettendo. Non è il contrario di fare, è l'esecuzione di un ricordo, di quando senza annuncio né segno si fermò la creazione del cielo e della terra. Non che fosse finita l'opera: il rinnovo continua. Si era fermata la musica: le bestie quella notte guardarono in su, i nostri due fecero lo stesso. "Il cielo è il mio sedile, la terra è il mio sgabello," fa dire a Isaia. Cercavano con gli occhi il posto dove stava il musicista.

"Non solleverai il nome di Iod tuo Elohìm per falsità." Niente a che vedere con la versione che legge: non nominare invano. Chi può stabilire quando è invano quel nome sulle labbra? Se affiora in un affanno oppure in un pericolo: è invano? Con l'acqua o con il fuoco alla gola, davanti alla perdita di un affetto, un amore? Se in cima all'allegria, per entusiasmo: è invano? La divinità non intende soffocare il suo nome che risale dal petto in una voce scossa, commossa. Il suo rigo era più solenne e riguardava l'uso del suo nome in atto pubblico. "Non solleverai il nome": tutt'altro da pronunciarlo per impulso, si tratta di chiamare la divinità a garante di una testimonianza, di affermazioni. "Giuro su D. che", di questa formula si tratta. Non oserai sollevare quel nome a tutela di una falsità.

Chi osa, sia dannato. Infatti solo qui, in tutti e dieci punti battuti sul Sinai, si legge di seguito: “Perché non assolverà Iod chi solleverà il suo nome per falsità”. Di tutte le dieci frasi che si stavano scrivendo innanzi a loro, solo qui si dichiara torto irreparabile, senza remissione da parte della divinità. Profanata per sostenere il falso, questa è la bestemmia priva di riscatto.

Come in tutte le guerre fatte in nome di quella divinità. “Non assolverà”: perfino l’omicidio non ha questa clausola aggiunta. Qui si alza una siepe e uno sbarramento intorno all’uso pubblico e ufficiale di quel nome.

Se pure gli uomini non si accorgeranno dell’osceno abuso di citare la divinità a sostegno di un falso, resterà aperto il conto della violazione. Non ci potrà essere alcun sacrificio di riparazione, di compensazione.

Nel capodanno ebraico il gesto, detto di “tashlìkh”, con cui si lancia una pietra nell’acqua, per affidarle i torti commessi, che vadano a fondo, non varrà per il delitto di sollevamento del nome. Non c’è pietra che basti, né sollevatore di macigno a scaricare il peso del nome sollevato a tradimento.

Non solleverai: quel nome ha un peso, chi lo invoca compie un sollevamento che schiaccerà chi lo pronuncia per falsificare. “Lashàue”, per falsità, dice l’ebraico, niente a che vedere con invano. Lo si capisce bene da un altro rigo: "Non risponderai nel tuo compagno da testimone per falsità (lashàue)" (Deuteronomio/Devarìm 5, 17). Incomprensibile sarebbe leggere: da testimone invano.

Mentre si battevano i caratteri e i colpi sulla roccia, avveniva assestamento di quelle parole e del significato. Le righe si incidevano sul corpo teso a pergamena di ognuno lì presente, sul lato carne, interno. Negli uomini si fissavano tra i reni, il cuore e il fegato, che diventavano grembo di una trasmissione. L'ascolto in loro era un concepimento. Tremavano. Il loro tremito si trasmetterà fino a Davide, anche lui messo spalle al deserto: "Dove andrò via dal tuo vento e dove via dai tuoi volti fuggirò?".

"Dai peso a tuo padre e a tua madre in modo che si allungheranno i tuoi giorni sopra il suolo che Iod tuo Elohìm dà a te."

Come sarà calcolato il peso, su quale unità di misura? Insieme alla domanda giunse incontro dalla parte opposta la risposta. Sonora come lo schiocco delle dita: "Itzhàk", Isacco. Dai a tuo padre e a tua madre il peso che ha voluto dare Isacco ai suoi due, Abramo e Sara. Lui giovane uomo nel pieno del vigore potrebbe sbarazzarsi con un soffio di suo padre, dell'assurda obbedienza a chi gli chiede in sacrificio il figlio. Isacco invece offre la gola al padre. Abramo lo lega all'obbedienza con la sola voce.

"Akàd" è il verbo ebraico della legatura avvenuta tra di loro. Non comparirà in nessun altro punto della scrittura sacra. Altri verbi serviranno all'uso di legare materialmente. Qui si tratta di vincolo tra padre e figlio, tutt'altra e superiore legatura. Non ha bisogno di lacci e d'incaprettatura. Isacco si lega da solo alla volontà del padre.

Abramo alle chiamate ricevute ha risposto da pronto: "Eccomi" (Hinnèni). È la più giusta replica alle sillabe che chissà da dove staccano il suo nome: "Av-ra-am". La prima sillaba, av, vuol dire padre. Lui è av, padre, ancora prima di avere avuto Isacco. Lui è av, padre, primizia e capostipite di alleanza nuova. È il primo circonciso dell'Ehàd, della divinità che si dichiara una.

Isacco sa che suo padre risponde: "Hinnèni" alle chiamate. E allora si nega, si proibisce qualunque cedimento, fuga, passo indietro dall'altare grezzo. Nessuna concessione all'istinto di sopravvivenza, a un gesto di legittima difesa: perché avrebbe svilito e sconfessato l'hinnèni di suo padre.

Lui neanche osa ripetere le sillabe preziose,

lui l'hinnèni lo fa senza fiatare. Isacco è spietato con se stesso per dare peso al padre di fronte alla divinità. Però esprime un desiderio, sentire il padre che pronuncia: "Hinnèni", che lo rivolga a lui. Mentre sale i sentieri del Monte di Morià coi legni sulle spalle per il sacrificio, mentre la vita gli rintocca piena e tranquilla nei passi e nelle vene, dice, chiede, chiama: "Avì", padre mio. E Abramo gli risponde pronto: "Hinnèni". È la consolazione che gli serve.

Non è scritto né detto, non si guardano in faccia, uno sta avanti all'altro, ma chiunque può scorgere il sorriso che spunta sulla faccia sudata del giovanotto Isacco. Ha avuto l'"Hinnèni" di suo padre, ora il suo nome, Isacco, dal verbo "itzhàk", che è ridere, sorridere, ha raggiunto la profezia che conteneva.

Dove, quando sorriderà colui che fu così chiamato? Sul Monte di Morià, mentre batteva pista innanzi al padre.

Dai peso anche a tua madre. Lei non ti ha trattenuto dal partire, ti ha lasciato andare, come devono fare le madri, senza intralcio all'uscita.

Sara sapeva, sì che sapeva. Certezza che dà sollievo a Isacco: non ci sarà lo strazio di sua madre al ritorno di Abramo senza figlio. Così dà peso a lei, non la diminuisce a serva tenuta all'oscuro. Sara ha saputo e perciò non è uscita quella volta a salutare il loro viaggio, portando provviste per i giorni. Isacco tiene Sara sullo stesso gradino di Abramo, quei due sono alleanza e cellula da cui proviene e scende.

"Dai peso a tuo padre e tua madre", dai peso uguale a entrambi e spingi il carico dei legni sulle spalle fino alla sommità raggiunta da Isacco. "In modo che si allungheranno i giorni": ogni singolo giorno si prolungherà perché varrà di più. "Sopra il suolo che Iod Elohìm dà a te": quale suolo? Questo del Sinai, che regge sul suo palmo aperto un popolo intero e dove avviene il travolgente impatto dell'ascolto. È suolo di Elohìm e te lo dà ogni giorno. Qui il verbo è piantato per sempre al tempo presente: "Iod Elohìm dà a te". Tu peserai sopra la terra secondo il peso che avrai dato ai tuoi. E quando moriranno continuerai a dar peso nominandoli nel ricordo. Così vedrai i tuoi giorni distendersi, come Isacco che in grazia della sua obbedienza ha avuto in dote l'amore di Rebecca e lunga vita.

I figli in ascolto ricevettero in dono lo slancio di mettersi in quell'ora all'altezza di Isacco. La rampa del Sinai si trasformò dentro di loro nella cima del Monte di Morià. I genitori rabbrividirono al pensiero delle conseguenze di quell'obbedienza. Il peso a loro dovuto gravava nel loro respiro. Correva silenziosa tra genitori e figli la più pronta parola, eccomi, hinnèni. Senza aprire le labbra l'assemblea del Sinai batteva sotto i denti la tripla enne di hinnèni.

"Non ammazzerai." Neanche se la legge lo prevede. Il verbo messo al futuro procurò nei presenti uno squarcio di avvenire, intravidero un caso narrato da un loro discendente. Videro una folla che portava una donna a lapidare, un'adultera, per le vie di una grande città. Non potevano saperlo, si trattava di Gerusalemme.

La sentenza emessa dal massimo tribunale sta per essere eseguita, la processione attraversa piazze e strade. Lungo il percorso incontra un forestiero. Non è del posto, è uno del Nord, di Galilea, di un piccolo villaggio, Natzaret. Se ne sta in disparte, solitario. Il corteo s'interrompe, si dirige verso di lui, interroga il forestiero sulla condanna a morte.

Guarda che usanza: quella legge ammette un ultimo grado di appello anche presso un qualunque passante, figlio d'Israele. Anche dopo, la solenne sentenza emessa da un tribunale in carica, potrà essere messa in discussione, sulla strada. Il parere di un ultimo incontrato può interferire col dispositivo. Chiedono al forestiero una parola. Lui in cambio fa una mossa, di sorpresa: si china a terra e sulla polvere traccia lettere col dito. La narrazione scritta non riferisce cosa scrive, ma l'assemblea del Sinai, presente alla visione, legge sulla polvere del suolo: "Non ammazzerai".

Scrive sulla polvere del suolo: perché? Forse che è sabato? Tra le cose proibite di sabato c'è anche la scrittura, però è consentita se su polvere o sabbia. Il forestiero compie un gesto permesso nel giorno di festa. Ma quello non può essere sabato, non si emettono sentenze né si eseguono condanne di shabbàt. È appunto quello che sta dicendo a loro: quando si tratta di condanna a morte ogni giorno si trasforma in shabbàt.

Infine dice l'ultimo dispositivo di scioglimento: chi di loro si trova senza torto commesso dovrà scagliare il primo sasso. In una lapidazione nessuno vuole essere il primo. Ancora meno ci sarà qualcuno che davanti alla sua comunità si farà avanti con la pietra di chi è privo di torti.

Con pochi gesti e parole il forestiero disfa la sentenza di condanna a morte. La donna è sciolta, il corteo si disperde, sollevato dal compito e nel cuore.

Non ammazzerai: neanche quando il tuo principale collegio, nella tua capitale, emetterà una condanna a morte. Cercherai fino all'ultimo passo lo spunto, l'occasione di scongiurarla. Basterà l'opinione di un forestiero di passaggio.

Noi assemblea del Sinai abbiamo visto i primogeniti di Egitto sterminati dall'angelo notturno dell'epidemia, i nostri scampati per avere spalmato il sangue di agnello sulle porte. Abbiamo visto i carri e i cavalieri di Egitto affondare nel Mare del Giunco chiuso a sacco su di loro dopo il nostro passaggio. Abbiamo visto che ammazzare spetta alla divinità. Noi non ne saremmo stati capaci, ci ama per questo? Perché non avremmo affogato i neonati egiziani nel Nilo, come invece avevamo subìto? Perché non abbiamo chiesto alla divinità vendetta e ritorsione, solo invocato aiuto? Deve essere per questo che ci ama. Dove cresce pericolo e oppressione, aumenta anche ciò che soccorre.

Non ammazzerai. Quando il tuo scalatore, il tuo servo pastore, il tuo solo scampato allo sterminio dei neonati ebrei, uccise un egiziano: lì si accese la tua prima irruzione dentro la violenza. Tu proteggesti il vendicatore di un ebreo percosso, gli procurasti forza, fuga, impiego. Era lui il trascinatore fuori dall'Egitto, che ora sta scandendo a voce sulla roccia la consegna delle tue parole. "Non ammazzerai": lo sta pronunciando lui che ha ucciso. E tu sei il suo mandante, l'unico che può togliere ciò che ha dato, revocare la vita che ha creato.

Non ammazzerai: che disarmo in cuore si annunciava in quel rigo di apertura di seconda facciata della roccia, in alto, a sinistra della prima. Rinuncia a disporre della vita altrui.

Diceva di non ammazzare neanche Caino, primo degli assassini, per non degradare se stessi e la comunità. Era ancora fresca la pelle d'oca per l'offerta di Isacco sopra il monte. Di fronte alla gola tesa e al coltello pronto, la divinità aveva interrotto l'esecuzione. Si era fermata all'istante prima. Ancora di più la creatura umana doveva essere pronta a trasformare una condanna a morte.

“Non sarai adultero”: questo non è difficile mentre ci si sposta sul palmo del deserto. Nell’accampamento la poca intimità succede nella tenda, dietro la magra tela. Quando si starà nelle residenze sparse, in territori misti, allora verranno le occasioni di rapporti illeciti. Qui siamo tutti stretti intorno a un viaggio.

“Non sarai adultero”: perché sarà lo stesso di versare sangue. Perfino un re devoto e valoroso, Davide, cadrà nel torto. Per sviscerato amore di Bat Sheva farà ammazzare suo marito Uria, soldato delle sue battaglie. L’adulterio implica il sangue, nel fumo del Sinai scalpellato scorgi ventate di tua storia a venire. Ogni rigo battuto qui provvede a darti avviso e conoscenza. Rispetterai l’amore degli sposi, il loro giuramento. Tra loro è dichiarato un patto in cui non hai diritto di parola. Non importa cosa lo mantenga, se interesse, abitudine, paura: tu non profanerai l’unione stabilita. Esiste la regola che separa; esiste la dissoluzione per la legge. Prima di quello scioglimento non ti intrometterai nel vincolo di nozze. Rispetterai la parola pronunciata da loro, non la diminuirai togliendole valore.

Adultero sarà detto pure chi pratica un culto religioso al posto o accanto a quello che si sta scrivendo qui. Questo è patto di alleanza tra divinità e Israele, chi lo rompe o aggiunge un altro culto, scardina l'unione e smentisce il giuramento. La legge che qui sta consegnando sillabe alla pietra è patto nuziale. Adultero sarà chi lo rinnegherà o contaminerà con altri culti.

"Non sarai adultero", lo tinàf: lo stesso verbo è usato per adulterio di donna e di divinità. Sotto il Sinai nell'arsura del giorno uomini e donne intesero che con quel verbo si sarebbe deciso molto dello scambio tra loro e l'infinita controparte.

Sarà un inciampo per quelli che verranno. Per noi presenti, serrati nei ranghi delle marce, distribuiti a trama di tappeto sotto il cielo, non verranno occasioni di tradimento delle nozze altrui. Se la sbrigheranno i discendenti con le possibilità dell'adulterio.

Pure con questi pensieri di conforto, passò lo stesso un brivido alle spalle, venuto dal futuro, dalle generazioni che in loro si agitavano.

Lì con loro c'erano tutte le generazioni, convocate dalle parole ardenti, conficcate a caldo. L'assemblea uscita dall'Egitto e messa allo sbaraglio della libertà, seppe che il futuro è un vento che raggiunge venendo dalle spalle.

Ebbero l'impulso di voltarsi, per vederlo arrivare, carico di polvere e di semi. Ma restarono fissi alla parete, mentre le generazioni venute dal futuro in visita in quell'ora, asciugavano loro le gocce di sudore e poi se ne salivano in vapore a diventare nuvola e molecola di viaggio. L'assemblea del Sinai sudava di futuro. Insieme a loro cantavano a labbra chiuse le assemblee a venire.

“Non ruberai.” No, però potrai entrare nel campo del tuo vicino e mangiare del frutto del suo seminato. Non porterai con te cesto né gerla per riempire e trasportare, perché quello è rubare, sottrarre roba altrui. Ma sul suo campo ti potrai sfamare e ti ricorderai di ringraziare il suo lavoro, il suo bene e la legge che ti permette l'ingresso. E quando è stagione di raccolto il proprietario lascerà una decima parte del campo a beneficio degli sforniti. E ancora: quando i mietitori saranno passati con la falce, non potranno passare una seconda volta a completare. Quello che resta spetta al diritto di racimolare.

Così nella necessità non ruberai e non maledirai la terra che ti sostiene e il cielo che scorre su di te. E se lavorerai a salario, il prezzo della tua fatica ti verrà pagato il giorno stesso. Così è detto a chi ti assolda: “Nel suo giorno darai il suo salario e non passerà sopra di lui il sole, perché povero è lui e verso quel salario solleva il suo fiato" (Deuteronomio/Devarìm 24, 15). Chi trattiene presso di sé il compenso dovuto all'operaio che ha svolto la sua opera, è pari a un ladro, ma con l'aggravio di opprimere un povero.

"Non opprimerai un salariato un povero e un misero: dei tuoi fratelli e del tuo straniero che è nella tua terra" (24, 14). Rientra anche questo nel rigo: "Non ruberai" perché è rubare il fiato. Un salariato che vende la sua forza alla giornata non è un servo né un forzato. Chi lo asservisce si fa ladro di fiato, come chi rapisce in cambio di riscatto. Se la persona umana è abbassata a merce, a refurtiva, chi la riduce a questo è ladro.

Questa legge difficile proviene dall'amore, che è intransigente con chi opprime gli amati. L'amore esige la giustizia in terra, infiamma gli umiliati. L'amore arma la mano dell'oppresso. Questa legge vuole placarlo in tempo, accordargli diritto e dignità. Non gli affamati insorgono, ma i calpestati in cuore. Non ruberai la loro porzione di uguaglianza.

Nell'assemblea ognuno cercava di riconoscere un torto commesso, abbassava la testa, ripensava e già così premeditava di riconciliarsi. Chi non ne aveva o non ne ricordava pronunciò la formula che poi Davide scrisse: "Dalle nascoste assolvimi" (Salmo 19, 13).

Il verbo del rubare sconvolgeva una comunità senza lucchetti e chiavi, senza prigioni e guardie. La proprietà di ognuno era il più semplice confine invalicabile. Chi poteva osare di sottrarre un valore altrui in mezzo a quel deserto affollato di occhi? Ebbero assaggio di un mondo successivo in cui solo le righe scritte della legge potevano servire a trattenere. Di solito le generazioni dicono: "In che tempi viviamo". A loro venne in mente: "In che tempi vivranno".

Penetravano in corpo le parole facendosi spazio nelle viscere, parlavano da dentro. Era un'esperienza ventriloqua che Davide avrebbe raccontato poi: "Vento di Iod ha parlato in me". Nel corpo si piantava il vento di una voce da ascoltare. In petto saliva il calore di una presenza, le viscere commosse dall'ospitalità: "E la tua legge sta in mezzo al mio stomaco" (Salmo 40, 9). Anche l'uomo ha un grembo per accogliere. "E il suo vocabolo è sopra la mia lingua": la frase è risalita alla gola fino alla lingua che la pronuncia e anche l'assapora.

Nel corpo maschile dell'assemblea del Sinai le parole si facevano spazio al centro. Sprigionavano energia e la restituivano alla divinità.

"Date forza a Elohìm" (Salmo 68, 35), dategli quella ricevuta dalle parole del Sinai.

"Sopra Israele è la sua altezza": dritta sopra la verticale della loro assemblea si è accumulata la sua altezza abissale, qui è mezzogiorno a picco, nessun'ombra in terra.

Tra montagna e cielo passava lo scambio di energie. "Benedetto Adonài giorno per giorno ci sobbarcherai" (68, 20): il verbo è di chi sta sotto una soma, eppure spinge in alto il suo grazie migliore.

"Non risponderai nel tuo compagno da testimone di inganno." Ti sarà chiesto e dovrai rispondere. In quel punto ricorda il primo nato di donna a essere interrogato: è stato Caino. Rispose alla domanda su dove fosse Abele: "Non ho conosciuto: sono io il custode di mio fratello?". Dal momento in cui pronunciò la frase, s'incatenò a essa: era diventato il custode di suo fratello. Ci sono domande in fondo alle quali si cancella il punto interrogativo e diventano involontarie affermazioni.

Anche tu, nel momento che ti viene chiesto, diventi il custode di tuo fratello. Ti è affidato e il suo futuro dipende dalla tua testimonianza. Perciò non risponderai da testimone di inganno, né contro né a favore. Non ti giustificherai con il pensiero che comunque sopra un testimone solo non si può fondare una sentenza. Perché la tua parola avrà ugualmente confuso la verità e modificato una reputazione. Chi è tenuto a rispondere su un suo compagno sta come Caino di fronte alla domanda: "Dov'è tuo fratello?". La tua testimonianza dirà dove si trova, nel torto o nel giusto, tra i vivi o tra i morti, dentro la comunità o escluso.

Il rigo nove fece tremare le labbra dei presenti. Lì erano tutti testimoni della divinità. Di fronte a lei ognuno rispondeva del suo vicino. Si scambiarono sguardi intimoriti. Il rigo stabiliva la responsabilità di uno nei confronti degli altri. Una sua trasgressione li diminuiva tutti, una sua lealtà li rafforzava. L'assemblea di Israele diventava organismo vivente, ognuno era cellula comunicante con le altre. Col suo comportamento procurava la salute o la rovina di tutte. Pure nelle dispersioni che scaraventeranno il loro insieme sopra i volti della terra, sapranno di appartenere all'assemblea del Sinai. Dice un commento che il loro numero era 1.159.705, perché tante sono le lettere della scrittura sacra in ebraico. Se una ne manca, tutto il testo è invalido.

Caino nega di sapere dove sia il fratello. Non potrà essere consentita questa risposta a nessuno dell'assemblea riunita sotto il Sinai. Ognuno dovrà sapere dov'è suo fratello e rispondere di lui. Così verrà ridetto e ribadito: "Non risponderai nel tuo compagno da testimone per falsità" (Deuteronomio/Devarìm 5, 17). Dice "nel": perché la tua risposta entra nel territorio dell'altra persona, ne invade il nome in pubblico.

"Non desidererai casa di tuo compagno. Non desidererai donna di tuo compagno." Il rigo toglie il confine tra la semplice intenzione e l'atto compiuto, arrivando all'innesco del pensiero. Risale alla scintilla interiore del desiderio, che è l'attrito tra i sensi di una persona e il mondo. Non devi desiderare, perciò governa il tuo appetito.

La divinità interveniva nel meccanismo: fermare in tempo lo slancio di possesso verso il bene altrui. Se invece lasci che ti accarezzi il pelo, il desiderio spuntato sotto forma di prurito si trasforma in artiglio e ti comanda. Travolge le barriere, scatena all'arrembaggio. I vostri discendenti lo conosceranno. Nei luoghi di esilio saranno aggrediti per essere scacciati. Gli aggressori s'impadroniranno dei loro beni che hanno desiderato e per i quali hanno aizzato l'ira. Inventeranno accuse, predicheranno pregiudizi dai pulpiti e poi istigheranno al saccheggio. Vorranno la casa, la donna e ciò che apparterrà ai vostri discendenti.

Allora tu che da questa pianura sconfinata guardi verso la rupe e nel futuro, tu che oggi conosci e domani non vorrai sapere, tu guardati dal desiderare. Qui nel fondo delle dieci righe si decide la differenza tra te e i tuoi persecutori. Tu non desidererai niente dell'altrui. Qui si fonda la tua interiorità. Terrai a freno col morso il desiderio, ne sarai il signore, e lui solo un blando richiamo a procurarti i beni terreni interamente tuoi.

Il verbo "ħamàd" è desiderio di possesso altrui. Comporta il veleno dell'invidia, che vuole usurpare il posto di un altro. "Lo taħmòd", non desidererai. Resta nel tuo, ammira senza volere togliere. L'ammirazione è un sentimento lieto che si rallegra di un bene posseduto da altri, fa bene al sangue e al sorriso, è un fischio di congratulazione, un applauso degli occhi. Non ti è chiesto di togliere lo sguardo, non devi censurarti una bellezza. Resta nel tuo punto di ammirazione, senza spinta a voler subentrare nel possesso. Ciò che è tuo, anche se poco, è la tua primizia.

La divinità frugava nel sentimento che nasce dalle disparità. Chi non ha casa, guarda quella ben fatta e la desidera. Giusto, ma come spinta a procurarsene una, non a toglierla a un altro.

Desidereranno la tua divinità. Bruceranno i tuoi libri, le tue scuole, le case di preghiera per possederla. Nel fumo del Sinai vedi gli incendi dei villaggi, l'assalto ai ghetti, i tre recinti di Treblinka, i tuoi nudi spinti nei cameroni dell'asfissia.

"Lo tahmòd", la voce dell'uomo che scandiva in faccia alla montagna ebbe una strozzatura di singhiozzo, poi s'impennò più acuta all'ultima battuta. Non desidererai la casa: quale? Quella del culto altrui, non ti convertirai alla casa dei loro altari né per comodità né per salvezza. Non apparecchierai per te alla loro mensa, non toglierai il tuo posto dall'assemblea del Sinai. Non sarai una ferita sul volto del creato e i tuoi non diranno di te "meshumed", il distrutto.

Il monte scaricò in cielo gli ultimi rintocchi della scrittura ardente, la voce scrisse l'ultima sillaba assetata: "kha". Rimase a bocca aperta ancora un poco, a sfiatare l'affanno, ancora in faccia alla parete, spalle a tutto il mondo.

Qualcuno pianse, ne voleva ancora. Qualcuno per non piangere disse di non buttare lacrime, di piangere sul pozzo. Lentamente il vento disperdeva i vapori ferrosi di officina. Arrivavano odori dall'accampamento, si udirono le bestie, chiamavano alla mungitura. Poi i bambini si sedettero in terra, poi le donne si scossero dall'immobilità. Tornarono alle tende, ripensando.

Meno male che spetta ai maschi ricapitolare.

Non ne saranno mai capaci.

Secondo me non hanno capito niente.

Glielo spiegherà tutto da capo il nostro scalatore.

Dev'essere a corto di popoli la divinità per bussare alle orecchie dei nostri maschi. Di più cocciuti non ne esistono.

Va bene che ora non hanno più sul collo il peso dell'Egitto, ma al posto della nuca hanno un callo di bronzo.

Lontano da qui e da quest'ora come potranno ritrovare la forza scaturita da questa montagna?

Ci penseranno le lettere a conservare la temperatura.

Si sono caricate di caloria del Sinai, la prolungheranno.

E sia così, amèn, verità sigillata.

Gli uomini erano rimasti lì, indecisi a muoversi. Si aspettavano un seguito. Per dieci volte la scrittura era andata a capo. Perché non undici o nove? Perché dieci sono le dita per contarle, dieci parole, ogni dito un anello di catena da tenere a mente.

Le mani stanno innanzi all'uomo, gli reggono il lavoro, il verbo fare. E le parole fanno l'uomo, gli stanno davanti, lo guidano oppure lo smarriscono.

Erano rivolte con il tu perché ognuno è un pezzo solitario da tenere immorsato per lavorarlo al tornio. La divinità era "iótzer", artigiano vasaio che impasta argilla. Con quella aveva inaugurato la specie dell'Adàm. Uno di loro glielo ricorderà: "Argilla siamo tutti noi e tu il nostro vasaio, opera di tua mano tutti noi". Manifattura della divinità, suo marchio e callo di fabbrica: a questo si aggiungevano le dieci volte a capo, da ricopiare a mano finché cammina il mondo.

La divinità metteva quelle parole in bocca e pure in pugno. Come la roccia, ora anche loro erano incisi. Isaia lo vorrà ricordare ai discendenti: "Guardate verso la roccia in cui voi foste incisi" (51, 1).

Restavano ancora, stentavano a fare un passo indietro verso l'accampamento dove già fumavano i fuochi accesi dalle donne e strillavano i giochi dei bambini. La luce del tramonto scalpellava le rughe della roccia.

Le braccia restavano incrociate in petto o inerti sui fianchi, le braccia da cantiere che avevano costruito l'Egitto. Quella forza se ne stava ferma dall'ora della partenza notturna.

Avevano risposto: "Faremo" alla voce del Sinai, avevano bisogno di fare. Dovevano trasformare la forza lavoro sfruttata da Faraone in forza di trasmissione di parole. Dovevano servire a quello: il verbo era lo stesso, "avàd", del lavoro manuale. Perciò era stato giusto rispondere: "Faremo". La forza liberata dalla fabbrica d'Egitto trovava la più alta applicazione.

Intorno ai fianchi strinsero più forte la cintura, mossa di chi è pronto a fare. Piacque alla divinità che la ridisse a un ragazzo profeta, Geremia: "Come si attaccherà la cinta intorno ai fianchi di un uomo, così ho fatto attaccare a me tutta la casa di Israele" (13, 11). Si strinsero la fascia con più forza, erano diventati loro la cintura.

Di quel giorno e di loro si sarebbe detto: "E li condusse al suo confine santo" (Salmo 78, 54). Erano lì sospesi sul traguardo al quale anche la divinità si era accostata. Il monte era frontiera tra l'assemblea e la voce sbattuta sulla roccia. Gli uomini non riuscivano a distogliersi da lì. Era l'ora che il sole veniva a terra scottando i bordi a nuvole arrostite.

Le ombre si allungavano verso la montagna, stavano per toccarla.

L'uomo che aveva dato la sua gola alle parole, si staccò dal risalto di roccia. Suo fratello gli andò incontro con l'acqua. Bevve e quei sorsi sciolsero l'assemblea, prima che la prolunga delle ombre superasse il filo rosso della ragnatela. O fu il sole a fermarsi.

Tutte le donne erano rientrate, tranne lei. Rondine era rimasta lì, con i due figli. Lui aveva bevuto e gli occhi si erano sciolti dall'insonnia delle visioni. Aveva messo a fuoco l'assemblea compatta, tornando a riconoscere. In uno sguardo solo vide le facce e ne ricordò i nomi. Al Sinai era normale. Vide Rondine, aveva ai fianchi i due maschi partoriti nelle steppe di Midian, quando lui latitante, ricercato in Egitto, era servo pastore del padre di lei, Ietro. Detto Teruèl, detto anche Ièter: nel deserto a un uomo servono più nomi, più versioni della sua identità.

Rondine, sola donna rimasta, guardava dritto in faccia, un costume contrario alle usanze delle donne ebree. Così lui ricordò il sorriso al pozzo. Aveva attinto per lei e per le sorelle, aveva anche scacciato altri pastori che volevano precedenza nell'abbeverata. Un uomo quando agisce a difesa di una donna, fa l'unico gesto che ne giustifica la forza. Rondine gli aveva sorriso, ricambiando col più perfetto grazie creato dalla vita.

Nello sguardo fissato da lui sopra l'assemblea, si prolungava l'incrocio con gli occhi di Rondine. Tra loro due si rinnovava l'incontro della prima abbeverata. Bevendo ricordò: non è vero che l'acqua va solo in discesa, sa anche risalire alla sorgente. L'acqua bevuta lo riportava al pozzo e gli ridava Rondine, fuggita lontano dal suo cuore in fiamme.

Riagguantavano l'origine della loro intesa. Lei aveva accettato di seguirlo nell'azzardo smisurato dell'impresa. Lui diventava capo di un popolo ribelle al sovrano. Dirigeva una rivoluzione che non voleva prendere il potere, voleva invece scrollarselo di dosso. Niente palazzi da espugnare con truppe d'assalto, ma le vastità all'aperto, il largo da raggiungere. Addio all'edilizia ossessiva dell'Egitto, il popolo ribelle usciva dai confini con le tende in spalla, come un ragazzo alla prima avventura fuori casa.

Dietro di loro gli Egiziani contavano le perdite, ma non si rassegnavano: qui dovranno tornare, stremati e decimati dall'assurdo della libertà. Rondine aveva abbracciato la sua vicina Egiziana e avevano insieme pianto per addio, sapendo ch'era per sempre. Le donne sanno quando non c'è ritorno.

Ognuno ricordò di avere sete. Acqua nel deserto è dono della terra. In quella nuova che raggiungeranno sarà dono di cielo. Terra opposta all'Egitto che si abbevera al fiume, l'altra terra avrà nuvole per fonte. L'acqua scorrerà dai capelli ai piedi a benedire. Bevvero acqua di roccia pensando al gusto di quella promessa. I sorsi del deserto erano acconto.

Non si voltarono subito, non osarono dare le spalle alla montagna, fecero passi indietro, un centinaio, ricalzarono i sandali, poi si volsero alle loro tende. Il Sinai, Hòrev, alle loro spalle scompariva.

Congedo dal Sinai

Il suono della voce aveva procurato beneficio ai corpi. Erano scomparsi i reumatismi, le vesciche ai piedi. Si spianavano rughe e denti traballanti si fissavano saldi alle gengive. Cadde dagli occhi il velo della cataratta, si sanarono le epidermidi, si asciugò pure l'acne giovanile. I ragazzi raggiunsero un aspetto maturo, alle ragazze si accesero le guance e le pupille.

I bambini impararono a leggere al volo e tutti insieme, guardando i caratteri impressi dalla voce. Chi aveva un dubbio lo dimenticò, così pure chi attorcigliava il nervo di un rancore. Lo straniero che si era aggiunto al viaggio fu conteso da molti inviti. Le partorienti ebbero un travaglio svelto, la terra sotto i piedi non sollevò polvere. Nessuna bestia zoppicò.

Cominciava una notte senza luna, le stelle

ardevano a fiaccolata di una processione. Gli uomini si accostarono alle donne per sigillo del giorno prodigioso e per urgenza di una generazione nuova che premeva. "E amerai": questa era giusta e ultima consegna. Le riassumeva tutte.

In margine all'accampamento

L'ebraismo che ha riempito i miei risvegli viene da qui. Leggo la parola "gher", straniero, e riconosco: quello sono. Volli partire dalla terra delle dieci piaghe, mi aggiunsi a un popolo che usciva a braccio alzato e con il canto in gola. Come un ragazzo si stacca dal suo posto, va per ammirazione dietro i carri di un circo così mi sono messo in coda al popolo del Sinai.

L'ebraismo per me non è richiesta di iscrizione, mi tengo l'imperfetto del prepuzio. L'ebraismo è compagnia di viaggio.

Nel 1900 ebrei e meridionali sono saliti sulle stesse navi, anzi scesi, dentro le stive della terza classe sotto la linea di galleggiamento. Noi di Sud lasciavamo la miseria, loro le case in fiamme dei pogrom. Noi ci staccavamo da una patria amara, loro andavano da un esilio a un altro. Si andava insieme, ai quattro angoli del vento.

Dell'ebraismo condivido il viaggio, non l'arrivo. Non in terra promessa, la mia residenza è in margine all'accampamento. Non mi accosto all'altare, alle preghiere. La porzione di manna è garantita da letture in ebraico, aperte innanzi giorno. Condivido l'alba con chi sta zitto e ascolta. A sera la mia tenda è appena fuori del recinto, il fuoco è acceso con lo stesso sterco di bestiame, ascolto loro vivere in attesa. Non ne ho. Smetterò prima di una terra promessa. Bello però il verbo che va insieme alla promessa, mantenere, che è un tenere per mano. Le mie sono occupate da quaderno a penna.

M'invitano alle tende, per l'uguaglianza dovuta allo straniero. M'invitano tra loro fino a dovere dire molti no.

Scegliessi un dove e un come di nascita, ribadirei gli stessi: al Sinai da straniero. Non devo appartenere, sto con i tredicesimi, estranei alla dozzina convocata. Mio titolo di viaggio è seguire in disparte.

Circa le dieci volte scritte con il punto e a capo, ammetto trasgressioni, non quella di sollevare il nome della divinità. Evito di rivolgermi.

So di aver traversato un mare rosso in un corteo di ranghi serrati, così avanzava il 1900. So di avere esultato, meno, però insieme. Da qualche parte mi dovrò fermare, vederli proseguire senza me. Mi consola che non si accorgeranno. Rimango volentieri nel deserto, il posto più capace di ricoprire un corpo con il vento.

L'ebraismo è stato per me pista carovaniera di consonanti accompagnate sopra e sotto il rigo da uno svolazzamento di vocali. Tra un rigo e l'altro, nello spazio bianco, governa il vento. È la voce riunita di tutti quelli che hanno aggiunto in margine un commento. La scrittura ebraica finisce con: "vaiàal", e salì. Invece io scendo qui.

Indice